BEI GRIN MACHT SICH IHR WISSEN BEZAHLT

- Wir veröffentlichen Ihre Hausarbeit, Bachelor- und Masterarbeit

- Ihr eigenes eBook und Buch - weltweit in allen wichtigen Shops

- Verdienen Sie an jedem Verkauf

Jetzt bei www.GRIN.com hochladen und kostenlos publizieren

GRIN ☺

Betriebswirtschaftliche Grundlagen des Compliance. Der ISO Standard 19600

Berrit Lambardt

Bibliografische Information der Deutschen Nationalbibliothek:

Die Deutsche Nationalbibliothek verzeichnet diese Publikation in der Deutschen Nationalbibliografie; detaillierte bibliografische Daten sind im Internet über http://dnb.d-nb.de abrufbar.

ISBN: 9783346895028
Dieses Buch ist auch als E-Book erhältlich.

Einsendeaufgabe

Alternative C

Abgegeben am 01. Juni 2022 im eCampus

SRH Fernhochschule

Modul: Betriebswirtschaftliche Grundlagen des Compliance

Management Studiengang: Finance, Accounting, Controlling & Taxation

Von

Berrit Lambardt

Studiengang: Finance, Accounting, Controlling & Taxation

Inhaltsverzeichnis

Aufgabe 1

Die erste Aufgabe befasst sich mit der Bedeutung und der Zielsetzung der ISO Standard 19600 „Compliance-Management-Systems" sowie die damit einhergehende Bedeutung für Unternehmen.

Erstmalig wurde der ISO Standard 19600 im Juni 2012 in Australien als Compliance Anforderung empfohlen, jedoch wurde dieser anfangs aufgrund von Lücken abgelehnt. Nach weiterer Überarbeitung durch die DIN und weitere ISO Mitglieder wurde die Norm zunächst beschlossen. Der ISO Standard 19600 wurde am 15. Dezember 2014 durch die Internationale Organisation für Normung veröffentlicht. Zuvor wurde dieser im September 2014 final freigegeben. Zwei Jahre später nach der Veröffentlichung wurde der ISO Standard 19600 im Oktober 2016 in die deutsche Sprache übersetzt und in die DIN-Norm übernommen und veröffentlicht. Diese neue DIN-Norm entspricht in der deutschen Fassung dem Typ B. Dies bedeutet, dass sie aktuell nur eine Empfehlung darstellt. Zu Typ A ist sie aktuell noch in der Umsetzungsphase aber noch nicht abgegolten. Auf insgesamt 31 Seiten enthält dieser ISO Standard 19600 51 Klauseln mit Handlungsempfehlungen, die als Leitfaden für Compliance Managementsysteme dienen.[1]

Diese internationalen Rahmenbedingungen stellen die Einhaltung aller Verpflichtungen von Organisationen dar und bezeichnen damit den Compliance. Hierbei besteht keine gesetzliche Verpflichtung, sondern es handelt sich um eine Leitlinie. Wichtig zu beachten ist, dass sie auf Organisationen jeglicher Art zutrifft und somit universell für Organisationen, Behörden, Verbände und Unternehmen gilt. Unwichtig bei der Art von Organisationen ist zudem, ob diese wohltätig oder gewinnbringend sind. Die Einrichtung des ISO Standards 19600 ist in den Organisationen individuell und richtet sich nach der Größe, Struktur oder auch Komplexität, also nach dem Aufbau der Organisation. Diese neue DIN-Norm enthält Empfehlungen zur Umsetzung und der Erstellung von CSM in der Praxis. Es bestehen aber keine festen Vorgaben, da die Gesetzgebung international unterschiedlich ist.[2] CSM ist die Abkürzung für Compliance Management Systeme und beinhaltet die Organisationspflichten der internen und externen Unternehmensorganisation. Es gibt keine gesetzlichen Vorgaben zu Compliance Management Systemen beziehungsweise auch keine Spezifikationen zu branchenorientierten Bereichen. Die eingebundenen Organisationspflichten richten sich nach der Art und Größe der jeweiligen Organisation. Auch wenn es keine festgelegten Regelungen gibt, haben sich verschiedene Standards etabliert. Beispiele dieser Standards sind „Best Practice" sowie der

---

[1] Vgl. Kayser, Bartosz, Preusche (2016), S. 1-3.
[2] Vgl. Waldmann.

„anerkannte Standard von Wissenschaft und Praxis". Diese haben jedoch keine gesetzliche Zuordnung und verfügen über keine Auslegung bei Rechtsprechungen.[3]

Der ISO Standard 19600 ist somit eine Zusammenfassung bisheriger Standards und soll dazu beitragen diese Standards zu vereinfachen und vereinheitlichen. Darüber hinaus kann dieser mit anderen ISO Standards in den Organisationen kombiniert werden. Aufgrund der Bedeutsamkeit von ISO-Normen wird diese als etablierter Maßstab für Organisationen verstanden. Es ist wichtig, dass die Organisationen ein CMS für sich aufbauen, was sie erfüllen können und zu den eigenen Unternehmenswerten passt. Damit können sie dann zeigen, dass sie sich an gewisse Normen und Standards halten und diese pflichtmäßig umsetzen. In Anlehnung an den ISO Standard 19600 sollte ein Compliance Management System der Organisation verschiedene Richtlinien und Abläufe umfassen. Voraussetzung für Organisationen ist die sogenannte Compliance Kultur. Diese umfasst die Compliance Schulungen der Mitarbeiter, die interne sowie externe Kommunikation, die Aufgabenbereiche der Compliance Funktion und die Verantwortlichkeit der Führung. Organisationen beweisen damit ihre Achtung gegenüber sozialen und ethischen Erwartungen. Diese Verpflichtungen, die sie damit eingehen richten sich häufig nach verschiedenen Gesetzen, Geboten, behördlichen Regelungen oder internationalen Verträgen.[4]

Ethisches Verhalten, wie Integrität und Rechtlichkeit sollen durch diese DIN-Norm wieder eine größere Bedeutung erhalten, da sie durch gesetzlich vorgeschriebene Regelungen im Deutschen Corporate Governance Codex letztlich in den Hintergrund gerückt wurden. Hierbei soll die Wirkung wieder hervorgerufen werden. Die operative Umsetzung der ISO Norm 19600 spielt für die Umsetzung eine große Rolle und hat ebenfalls eine hohe Bedeutung für das Straf- und Ordnungswidrigkeitsrecht. Die ISO Norm 19600 dient als Maßstab zur Prüfung, ob Führungskräfte ihrer Kontrollpflicht nachkommen. Führungsverantwortliche sind somit persönlich für die Verletzung von Richtlinien verantwortlich, da sie der Aufgabe von Verantwortung in der Aufsicht und Kontrolle nicht nachgehen. Zudem gilt es zu hinterfragen, welchen Stellenwert ein CMS für verschiedene Organisationen hat, da es von der Art und Größe abhängig ist. Hierbei ist zu beachten, dass einfache mittelständische Unternehmen nur grundlegende Verpflichtungen in Bezug auf die Mitarbeiter und Stakeholder einbinden und keine besonderen speziellen Normen fokussieren.[5]

---

[3] Vgl. Lockemann (2018), S. 34-35.
[4] Vgl. Mittendorf (2017), S.13-15.
[5] Vgl. Kayser, Bartosz, Preusche (2016), S. 1-3.

Insgesamt werden die Begriffe Compliance Management System und CMS unterschiedlich genutzt. Das strategische und operative Management sind für die Erstellung der Maßnahmen und die anschließende Umsetzung zuständig. Sie sind also für den gesamten Bereich des CMS zuständig. Zudem müssen sie bei der Implementierung darauf achten, dass diese an das Unternehmen angepasst und in die Prozesse eingebunden werden. Insgesamt ist das Unternehmen Teil des CMS, welches eingebunden wird und ständig daran arbeitet, die vorgegebenen Anforderungen umzusetzen. Wichtig ist dabei zu beachten, dass abhängig von der Größe und Art klar festgelegt ist, wie die Prozesse dokumentiert und kommuniziert werden. Es sollte immer klar und transparent sein, an welchem Entwicklungsstand sich das Unternehmen aktuell befindet und wie der weitere Prozess geplant ist.[6]

---

[6] Vgl. Mittendorf (2017), S. 20-25.

Aufgabe 2

Compliance

Der Begriff Compliance kommt ursprünglich aus dem angloamerikanischen und bedeutet, dass Regeln, also aufgestellte Gesetze sowie Richtlinien innerhalb und außerhalb einer Organisation gegenüber anderen eingehalten werden müssen. Es handelt sich also um die Beachtung und Verfolgung von vorgegebenen Pflichten, die gesetzlich und vertraglich festgelegt sind. Häufig wird der Begriff Compliance mit dem Code of Conduct in Verbindung gebracht, welcher eine Sammlung von angemessenen Verhaltensweisen im Unternehmen widerspiegelt. Compliance unterteilt sich in zwei Bereiche, welche sich nach Gesetzen und internen Verpflichtungen richten. Soft Law sind die selbst bestimmten Pflichten und das Hard Law meint die rechtlichen Vorgaben und Gesetze, welche beachtet werden müssen. Bei diesen Pflichten handelt es sich um juristische Vorschriften wie das Zivilrecht, Strafrecht oder beispielsweise das öffentliche Recht. Insgesamt erhält das Thema Compliance gerade im Hinblick auf größere Unternehmen eine immer größere Bedeutung. Bereits im Jahr 1995 wurde Compliance in Deutschland an Arbeitsgerichten thematisiert. Bei der wieder größer werdenden Relevanz handelt es sich nicht um neue Richtlinien, sondern die Relevanz zu diesem Thema hat einen höheren Stellenwert als zur damaligen Zeit. Wichtig zu beachten ist, dass es beim Compliance nicht nur darum geht, ob diese Regelungen beachtet werden, sondern in welcher Form diese befolgt werden. Das Ziel von Compliance ist, dass das gemeinsame Wohl zwischen den Organisationen und den Kunden, Stakeholdern, Lieferanten und Mitarbeitern sichergestellt wird. Insgesamt kann sich Compliance auf verschiedene Bereiche von Organisationen ausrichten. Compliance wird bei vielen schnell mit Korruption in Verbindung gebracht. Es ist jedoch zu beachten, dass auch in anderen Bereichen die Möglichkeit besteht, dass Rechtsverletzungen stattfinden. Es gibt verschiedene Arten von Regeln, welche intern und extern aufgestellt werden. Eine Differenzierung besteht zu Unternehmen, welche am Kapitalmarkt tätig sind. Für diese besteht der Deutsche Corporate Governance Kodex.[7]

Die Berührungspunkte mit dem Thema Compliance können in verschiedenen Formen ausgelegt werden. Mitarbeiter und Führungskräfte können für die Einhaltung der Compliance Regelungen beauftragt werden. Das bedeutet, dass sie sich strafbar machen, wenn sie selbst gegen die Vorschriften verletzen oder auch wenn die Ihnen unterliegenden Mitarbeiter gegen diese verstoßen und somit die Aufsichtspflicht verletzt wurde. In den meisten Fällen handelt es sich bei solchen Verstößen um Korruption,

---

[7] Vgl. Tröger, Roß-Kirsch (2017), S. 21-23.

Umweltverstöße oder Kartellabsprachen. Gerade im Finanzbereich gibt es hierfür besondere Gesetze, welches die Interessenkonflikte vermeiden soll. Ein Beispiel dafür ist das Wertpapierhandelsgesetz. Dies soll die Anleger vor den Wertpapierhandelsunternehmen schützen. Insgesamt stehen die Mitarbeiter der Organisationen immer in der Gefahr gegen Regeln zu verstoßen. Wenn sich die Menge dieser Regeln und Vorschriften weiter erhöht, sinkt das Bewusstsein des Einzelnen und die Aufmerksamkeit aller Regeln kann nicht mehr gestattet werden. Daraus resultiert, dass es häufiger zu Missachtungen der Regeln kommen kann und sich negativ auf das Arbeitsverhältnis auswirkt. Es richtet sich also nach der Art und Größe der Missachtung in welcher Form die Sanktion ausfällt und führt im schlimmsten Fall zu einer Kündigung. Zu unterscheiden sind hierbei Abmahnungen, verhaltensbedingte oder fristlose Kündigungen. Bei schwerwiegenden Verletzungen der Vorschriften kann es darüber hinaus zu zivilrechtlichen oder strafrechtlichen Sanktionen führen, wenn auch gesetzliche Vorgaben missachtet wurden. Aufgrund dessen profitieren Rechtsanwälte und Berater von diesen wichtiger werdenden Regelungen, da sie immer mehr Einsatz in den Unternehmen finden.[8]

Der Ablauf eines Compliance Falls ist meistens wie folgt. Mitarbeiter der Organisationen geben den Verantwortlichen meistens anonyme Hinweise über die Missachtung der Compliance Regelungen weiter. Daraufhin wird geprüft, ob die Mitarbeiter selbst dafür verantwortlich sind, oder ob der Compliance-Beauftragte seinen Verantwortungsbereich missachtet hat. Erstmalig wird intern geprüft, in welcher Art und Größe diese Sanktion stattgefunden hat. Bei der Feststellung von größeren Regelverstößen werden außenstehende Rechtsanwälte oder Berater zur Beurteilung hinzugezogen. Nach der Identifikation des Problems kann das Unternehmen über die folgenden Maßnahmen entscheiden. Damit das Problem nicht publik wird, werden die Mitarbeiter häufig gekündigt oder in andere Bereiche versetzt, damit keine Unruhen im Unternehmen entstehen kann.[9]

Corporate Social Responsibility

Der Begriff Corporate Social Responsibility wird häufig durch CSR abgekürzt. Dieser stellt das Handeln von Unternehmen dar und die damit verbundenen Auswirkungen auf die Gesellschaft. Erstmalig wurde CSR von Howard R Bowen im Jahr 1953 verwendet. Anschließend wurde dieser Ausdruck über die Jahre immer weitergeführt. Anfangs diente der Begriff dazu, der Gesellschaft zu zeigen, dass mächtige Unternehmen einen großen wirtschaftlichen Einfluss haben und diesen nicht ausnutzen sollten, sondern ihren Mitmenschen, also der gesamten Gesellschaft, etwas Gutes tun sollten.[10]

---

[8] Vgl. Ablen (2019), S. 157-160.
[9] Vgl. Kleinfeld, Martens (2018), S. 3-4.
[10] Vgl. Handelskammer Bremen.

Corporate Social Resposibility gibt wieder, wie nachhaltig Unternehmen wirtschaften. In diesem Sinne sind die Unternehmen selbst dafür schuldtragend, wie nachhaltig ihre Leistungen sind. In der Praxis wird der Begriff Corporate Social Resposibility häufig mit dem Begriff Nachhaltigkeit gleichgesetzt. CSR meinte jedoch das Konzept beziehungsweise die Strategie, auf welche Art Unternehmen das Ziel der Nachhaltigkeit unter der Berücksichtigung von drei verschiedenen Aspekten umsetzen können und nicht das Ziel Nachhaltigkeit selbst. Die gewählte Strategie und die damit einhergehende Umsetzung von CSR ist nicht in allen Unternehmen gleich. Unternehmen unterscheiden sich beispielsweise anhand ihrer Branche und haben somit unterschiedlich ausgerichtete Ziele und dahinter liegende Prozesse. Dadurch müssen die Unternehmen das Konzept zur Umsetzung von Corporate Social Responsibility variabel an den eigenen Prozessen ausrichten und haben somit verschiedene Herausforderungen, die damit einhergehen. Sollten Unternehmen dies nicht berücksichtigen, so wird es schwierig die eigenen Unternehmensziele und den geplanten Erfolg zu erreichen. Dies hat dann zur Folge, dass eine positive Repräsentation nach außen nicht erfolgen kann.[11]

Anfänglich wurde in Bezug auf Corporate Social Resposibility nur die Ökologie fokussiert. Bei späteren Forschungen hat sich jedoch herausgestellt, dass das Ziel der Nachhaltigkeit nicht erreicht werden kann, wenn ökonomische und soziale Aspekte von den Unternehmen nicht beachtet werden. Daher teilt sich CSR in drei verschiedene Komponente auf, welche alle eine gleich große Rolle spielen, miteinander wirken und nicht übereinandergestellt werden. Diese drei Bereiche setzen sich aus der Ökonomie, Ökologie und dem sozialen Bereich zusammen. Es gibt verschiedene Modelle, welche aufgestellt wurden, um Corporate Social Resposibility zu visualisieren und Inhalte darzustellen. Oft wird vom Vier-Phasenmodell von Caroll gesprochen, welches in einer Pyramide die verschiedenen Verantwortungsbereiche widerspiegelt. Dies soll ausdrücken, dass ein verantwortungsbewusstes Verhalten der Unternehmen gegenüber der Gesellschaft erforderlich ist. Die Pyramidenform soll zeigen, dass einige Bereiche vorhanden sein müssen, damit andere ebenfalls umgesetzt werden können. So bedingen einige Bereiche andere, da die Umsetzung sonst nicht möglich wäre. Ein ebenfalls bekanntes Modell ist das Drei-Säulenmodell. Dieses hingegen zeigt die gegenseitige Abhängigkeit aller Bereiche. Damit ist gemeint, dass alle Bereiche gleichermaßen vorhanden sein müssen, damit das Ziel der Nachhaltigkeit erreicht werden kann.[12]

Corporate Social Resposibility bezieht sich auf alle Unternehmen und nicht wie der Deutsche Corporate Governance Kodex, oder auch DCGK, hauptsächlich auf

---

[11] Vgl. Bundesministerium für Arbeit und Soziales.
[12] Vgl. BMAS & Helmond (2021), S. 146.

börsenorientierte Unternehmen. Hierfür gibt es verschiedene national und international ausgelegte Leitlinien. Beispiele hierfür sind die OECD-Leitsätze, die ILO-Grundsatzerklärung, der UN Global Compact oder die ISO 26000. All diese Leitlinien beinhalten Vorgaben, wie beispielsweise ein effizienter Einsatz von natürlichen Ressourcen oder wie ein zielorientierter Personaleinsatz und -umgang aussehen kann. Ebenfalls vermitteln diese Leitlinien den Umgang mit Transparenz und ehrlichem Handeln in internen und externen Prozessen sowie die Umsetzung von Klima- und Umweltschutz. Der Einsatz von CSR ist für Unternehmen keine Vorschrift und somit nicht verpflichtend, sondern geht im eigenen Interesse des Unternehmens über die gesetzlichen Vorschriften hinaus. Es dient den Unternehmen jedoch beim Erzielen des Unternehmenserfolgs und stellt dadurch einen indirekten positiven Effekt dar, welcher sich auf mittlere bis längerfristige Sicht bemerkbar macht. Dieser Effekt muss nicht ausschließlich an wirtschaftlichen Zahlen, wie dem Gewinn sichtbar sein, sondern Ergebnisse werden sich auch in dem allgemeinen Einsatz der Ressourcen im Unternehmen widerspiegeln.[13]

Da es keine einheitliche Begriffsdefinition für Corporate Social Responsibility gibt, gehen die Unternehmen die eigenen Umsetzungsmöglichkeiten unterschiedlich an. Darüber hinaus gibt es Differenzen bei der Betrachtung des Begriffs, welche sich beispielsweise aufgrund von europaweit und weltweit unterschiedlichen Wirtschafts- und Politiksystemen zurückführen lässt. Aus diesem Grund fokussieren sich einige Unternehmen auch häufig nur auf einen Aspekt von CSR anstelle alle Nachhaltigkeitsbereiche mit abzudecken. Es hat sich mittlerweile jedoch herausgestellt, dass sich Unternehmen in der heutigen Zeit nicht mehr am Markt etablieren können und Standhaftigkeit zeigen, wenn sie Corporate Social Responsibility nicht in ihren Prozessen einbauen und das Ziel der Nachhaltigkeit nicht verfolgen.[14]

Gemeinsamkeiten und Unterschiede

Im folgenden Abschnitt werden die Gemeinsamkeiten und Unterschiede von Compliance und Corporate Social Responsibility hervorgerufen. Bei beiden Bereichen, ob Compliance oder CSR, wird thematisiert, dass bestimmt gesetzliche und interne Vorschriften eingehalten werden müssen und diese sanktioniert werden, wenn diese missachtet werden. Hierbei handelt es sich in beiden Fällen um Vorschriften, welche das Wohl der anderen, also intern und extern einer Organisation schützen soll. Die genauere Betrachtung dieser Vorschriften zeigt jedoch, dass sich diese in ihren Verpflichtungen unterscheiden. Demnach basiert der Compliance hauptsächlich auf gesetzlichen Vorschriften und Richtlinien und Corporate Social Responsibility auf internationalen und nationalen

[13] Vgl. IHK München (2017)..
[14] Vgl. Schmidtpeter (2015), S. 17-19.

Werten. Die damit einhergehenden Sanktionen für die Mitarbeiter im Bereich Compliance können daher über die Ansichten des Unternehmens durch Behörden bestraft werden. Dies bedeutet, dass die Maßnahmen als Betrag der gesellschaftlichen Verantwortung im Bereich CSR auf freiwilliger Basis stattfinden und Compliance die Einhaltung von externen Vorgaben sicherstellt.[15]

Darüber hinaus ist festzustellen, dass beide Bereiche in den letzten Jahren stark an Bedeutung gewonnen haben. Daher besteht auch die Gemeinsamkeit, dass die Organisationen in beiden Bereichen nach und nach aufgefordert werden, über inhaltliche Themen zu berichten und somit für börsenorientierte Unternehmen sogar eine Berichtspflicht besteht. Die Stakeholder fordern mit der Zeit immer mehr Unternehmen auf über diese Bereiche zu berichten, auch wenn sie nicht verpflichtet sind, damit das Vertrauen, die Glaubwürdigkeit und Transparenz bestehen bleibt. Trotz der beidseitigen Berichterstattung werden die Verantwortungsbereiche vom Compliance und Corporate Social Resposibility innerhalb des Unternehmens getrennt. Das bedeutet, dass sich einzelne Abteilungen fachlich auf einen Bereich konzentrieren und diesen bewachen und nicht beide Bereiche miteinander vermischen. Der Hintergrund dieser Trennung liegt darin, dass diese beiden Themenbereich zu unterschiedlichen Zeitpunkten an Bedeutung gewonnen haben und für die Unternehmen relevant wurden.[16]

Auch wenn Compliance und Corporate Social Responsibility darin unterschieden werden, dass es sich um gesetzliche und interne Vorschriften handelt, besteht die Gemeinsamkeit, dass in beiden Bereichen die Nachhaltigkeit und die Unternehmenswerte beleuchtet werden. Das bedeutet, dass es nicht nur darum geht die Vorschriften einzuhalten, sondern Prozesse aufzubauen, welche an die Unternehmenskultur angepasst werden und die Unternehmenswerte mit einbeziehen. Wenn dies in beiden Bereichen nicht berücksichtigt wird, kann es dauerhaft zu keinen Erfolgen führen, da keine Identifikation besteht. Dies ist für die Unternehmen nicht nur wichtig, da sie ihre eigenen Mitarbeiter damit sensibilisieren, sondern auch, weil sich der Bereich CSR im Gegensatz zum Compliance stark an die Stakeholder und das externe Unternehmensumfeld richtet und sich nicht nur mit internen Belangen auseinandersetzt. Wenn dieses Ziel nicht gegeben ist wird die Glaubwürdigkeit durch Externe an der Organisation angezweifelt.[17]

Ein letztes Ziel liegt darin, dass die Maßnahmen aus dem Bereich Corporate Social Responsibility nicht reguliert sind. Hingegen hat der Bereich Compliance das Ziel, dass alle Vorschriften eingehalten werden und das Ziel der Risikominimierung umgesetzt

---

[15] Vgl. Kleinfeld, Martens (2018), S. 3-4.
[16] Vgl. Handelskammer Bremen.
[17] Vgl. Schmidtpeter (2015), S. 17-19.

wird. Hierbei ist zu erkennen, dass durch die gesetzlichen und behördlichen Vorgaben bestimmte Ziele allgemein für alle Unternehmen bestehen und nicht nur individuell abhängig vom Unternehmen aufgestellt werden. Im Bereich Compliance ist festzustellen, dass die eigene Verantwortung für das Handeln von der Gesellschaft gefordert wird und diese positiven Auswirkungen für alle mit sich bringen muss. Dies trägt dann dazu bei, dass die Existenzen der Organisationen gesichert werden.[18]

---

[18] Vgl. Ablen (2019), S. 157-160.

Aufgabe 3

Die dritte Aufgabe dieser Einsendeaufgabe beinhaltet eine Diskussion über die Vorteile und Nachteile von Unternehmen, wenn sie ein Compliance Management System im Unternehmen einführen oder wenn sie kein CMS einrichten.

Innerhalb eines Unternehmens gibt es verschiedene Bereiche, in denen sich das Unternehmen Vorteile durch den Einsatz von Compliance Management Systemen verschaffen kann und somit den Unternehmenserfolg sichert.

Mittelständische Unternehmen sind nicht dazu verpflichtet ein Compliance Management System einzurichten, können sich dadurch aber verschiedene Vorteile am Markt verschaffen. Als kleines Unternehmen besteht demnach die Möglichkeit sich gegenüber anderen Unternehmen durchzusetzen, wenn diese zum Businesspartner eins größeren Unternehmens werden wollen. Heutzutage achten viele Unternehmen bei der Auswahl ihrer Handelspartner darauf, mit Unternehmen zusammenzuarbeiten die ebenfalls ein CMS besitzen, auch wenn sie es aus gesetzlichen Vorschriften heraus gar nicht müssten. Dies ist für die Unternehmen sehr wichtig, da es für das eigene Image und die Marktposition mittlerweile eine große Bedeutung hat. Die kleinen und mittelständischen Unternehmen, welche diese Compliance Management Systeme demnach aus eigenem Interesse in ihrem Unternehmen integriert haben, profitieren aufgrund dessen gegenüber Unternehmen, welche keine CMS haben.[19]

Basierend auf dem oben genannten Vorteil ergibt sich für Unternehmen durch den Einsatz von Compliance Management Systemen ein weiterer positiver Effekt. Durch den geschaffenen Wettbewerbsvorteil der Unternehmen kann zudem ebenfalls der Geschäftserfolg gesichert werden. Das bedeutet, dass das Unternehmen bei einem hohen Marktanteil gut wirtschaftet und dadurch abgesichert ist. Außerdem kann der Geschäftserfolg zusätzlich durch die Risikominimierung verbessert werden, welche mit dem Einsatz von CMS einhergeht. Damit ist gemeint, dass Risiken durch den Einsatz von Compliance Management Systeme besser überwacht und gesteuert werden können. Dadurch kommt es im Idealfall zu einer geringeren Anzahl von Verstößen gegen die verschiedenen Vorschriften und Gesetze. Dies bedeutet für das Unternehmen, dass die Gefahr von Bußgeldern, Geldstrafen, Reputationsverlusten oder einer Gewinnabschöpfung für das Unternehmen minimiert werden und der Geschäftserfolg verbessert wird.[20]

Der Einsatz von CMS stellt mit der Risikominimierung nicht nur ein Vorteil für das Unternehmen und den Unternehmenserfolg dar, sondern dadurch findet zusätzlich jeder

---

[19] Vgl. Schulz (2021), S. 52-53.
[20] Vgl. Mittendorf (2017), S. 20-25.

einzelne Mitarbeiter einen persönlichen Schutz. Der Einsatz höherer Kontrollen und Do-kumentationen bewahrt die Mitarbeiter dann vor Regelverstößen und einhergehenden Sanktionen. Sollte es zu einer Straftat kommen, welche in Zusammenhang mit dem Un-ternehmen gebracht wird, kann das Unternehmen unter Umständen mit verantwortlich gemacht werden, da es zu dieser Verschuldung beiträgt. Beispiele für eine derartige Straftat sind Korruption oder auch Steuerhinterziehungen. Das Unternehmen wird in ei-nem solchen Fall mit verschuldet, da es seine Aufsichtspflicht verletzt hat und somit die Verantwortung für dies tragen muss. Bei dem Einsatz von Compliance Management Systemen, werden bestimmte Abteilungen oder Mitarbeiter dazu bestimmt ein Risiko-management aufzustellen und dies zu überwachen. Wird diese Aufgabe nicht vollständig ausgeübt oder sollte es zu Lücken kommen, kann es zu derartigen Risiken kommen. Demnach ist das Unternehmen im Fall einer Straftat mit verantwortlich und ein gutes CMS dient nicht nur als Schutz des Unternehmens, sondern auch des Einzelnen.[21]

Eine gute Marktposition, welche mit dem gesicherten Unternehmenserfolg, dem Schutz der Mitarbeiter und durch den Einsatz von Compliance Management Systemen verbun-den ist, dient dem Unternehmen zu einem guten Image im externen Umfeld. Stellt das ausgeübte Risikomanagement Sicherheit dar, können neue Arbeitskräfte angezogen werden und sie im Nachgang sogar langfristig binden. Nicht nur die Sicherheit durch das CMS ist für das Image wichtig, sondern auch ethische Grundsätze. Zukünftige Mitarbei-ter, Kunden und Stakeholder sehen eine immer größer werdende Bedeutung darin, dass die Unternehmen ethisch handeln und dies in ihrer Unternehmensphilosophie verankert haben.[22]

Ein weiterer Vorteil durch den Einsatz von Compliance Management Systemen ist die Mitarbeiterbindung und das Employer Branding. Die Mitarbeiterbindung kann durch die CMS gezielter umgesetzt werden, da beispielsweise der Schutz und die Einbeziehung der Mitarbeiter durch Compliance erhöht werden. Compliance kann in diesem Zuge in-direkt genutzt werden, sodass ausgestrahlt wird, dass die Geschäftsführung einen hö-heren Anteil der Verantwortung übernehmen möchte, was den Mitarbeitern Sicherheit geben soll. Wichtig hierbei zu beachten ist, dass dieser Schutz nicht als selbstverständ-lich angesehen werden sollte, sondern mit dem Einsatz von Compliance einhergeht. Den Mitarbeitern soll Transparenz und Vertrauen geschenkt werden, sodass sie sich mehr mit dem Unternehmen verbinden und identifizieren können.[23]

---

[21] Vgl. Kleinfeld, Martens (2018), S. 3-4.
[22] Vgl. Kayser, Bartosz, Preusche (2016), S. 19.
[23] Vgl. ZAHW (2019).

XIV

Dieser Vorteil von Compliance Management Systemen kann jedoch auch gleichzeitig Risiken mit sich bringen. Damit die Führungskräfte den Schutz und Sicherheit gewährleisten können, wird vorausgesetzt, dass sich die Mitarbeiter an die vorgeschriebenen Regeln und Gesetze halten. Zur Prüfung dieser erfordert das Compliance Dokumentationen durch neue Richtlinien, welche einen zusätzlichen Aufwand abbilden. Die Mitarbeiter, welche sich bereits zuvor an Regeln und Gesetze gehalten haben, sehen diesen Aufwand als unnötig an und werden dadurch gegebenenfalls weiter abgestoßen als gebunden. Um derartige Risiken zu vermeiden, ist es wichtig, dass den Mitarbeitern offen dargelegt wird, welche Vorteile sich hinter diesen Dokumentationen verbergen und ihnen das Verantwortungsbewusstsein der Geschäftsführung widergespiegelt wird.[24]

Darüber hinaus ist es wichtig das die Reputation integriert wird. Damit ist gemeint, dass den Mitarbeitern nicht nur neue Regelungen vorgelegt werden, welche zu einem Abstoß führen, sondern erfordern die neuen Compliance Richtlinien, dass die Mitarbeiter stärker in das Unternehmen einbezogen werden. Aufgrund dessen sollte der Einsatz und die Mitteilung dieser gut vorbereitet und auch durchgeführt werden, damit sich alle Mitarbeiter angesprochen fühlen und einen gewissen Beitrag von sich aus leisten wollen. Die Mitarbeiter müssen demnach von sich aus diese Anforderung annehmen sich gegebenenfalls an neue Regeln zu halten und diese aus eigenem Interesse umsetzen. Erst wenn dies aus eigenem Interesse umgesetzt wird tragen die daraus resultierenden Ergebnisse zur Identifikation mit dem Unternehmen und dem einhergehenden Vertrauen bei. Verhalten sich und handeln die Mitarbeiter nicht nur aus der Pflicht, so trägt das zu einem guten Klima und demzufolge zu guten Ergebnissen bei. Dies hat zur Folge, dass das Unternehmen in der Öffentlichkeit gegenüber Stakeholdern und Kunden ein gutes Bild von sich vermittelt. Durch die Integration eines CMS und die Einbeziehung von Mitarbeitern in den Prozess kann das Unternehmen dann eine positive Wahrnehmung nach außen vermitteln.[25]

Voraussetzung für die Entwicklung und Umsetzung guter Compliance Management Systemen ist ein gut ausgebautes Kommunikationsnetzwerk in dem jeweiligen Unternehmen. Dieses Kommunikationsnetz erfordert die gewissen Ressourcen damit eine gute Kommunikation abgebildet werden kann. Auch wenn sich das Thema Kommunikation als einfach gelöst anhört, stellt diese in den meisten Unternehmen das größte Problem oder die größte Herausforderung dar. Findet keine gute Kommunikation statt, können die Prozesse nicht wie geplant umgesetzt werden. Wenn die CMS Beauftragten keine ordentliche Kommunikation ausführen, können Risiken nicht minimiert werden.

---

[24] Vgl. Kleinfeld, Martens (2018), S. 3-4.
[25] Vgl. Mittendorf (2017), S. 66-67.

Zusätzlich ist nicht nur wichtig, dass die Inhalte des CMS klar kommuniziert werden, sondern die Art und Weise auf der kommuniziert wird erhält ebenfalls eine hohe Bedeutung. Dass bedeutet, dass Compliance Verantwortlichen nicht nur fachliche, sondern auch interkulturelle Kompetenzen und Softskills besitzen sollten, sonst kann der Compliance Management Prozess an der Kommunikation scheitern. Dies ist erforderlich, damit bei den Mitarbeitern kein Abstoßen der geplanten Maßnahmen entsteht, sondern diese erfolgreich umgesetzt werden können.[26]

Über die fachlichen und sozialen Kenntnisse hinaus, ist es von großer Bedeutung, dass die Compliance Beauftragten nicht in einen Tunnelblick verfallen und nur das eigene Unternehmen sehen. Es ist sehr wichtig, dass diese einen weiten Blickwinkel über das Unternehmen hinaus einnehmen, damit keine Betriebsblindheit entsteht. Sie sollten also nicht nur die internen Compliance Management Systeme betrachten, sondern darüber hinaus auch externe Maßnahmen und Anwendungen analysieren. Dies ist wichtig, um festzustellen, ob das geplante Vorhaben den aktuellen Marktanforderungen entspricht. Bei negativen Auswirkungen kann diese Blindheit zu einem Nachteil von CMS in Unternehmen werden. Die Verantwortlichen haben dann keinen Blick mehr für das Allgemeine und sehen nur das eigene Unternehmen und erhalten eine falsche, verblendete Sicht. Sie wollen ergebnisorientiert arbeiten, sehen aber nicht, dass sie sich nicht objektiv genug verhalten.[27]

Um diesem Risiko entgegenzusteuern, besteht die Möglichkeit externe Berater im Unternehmen einzusetzen. Der Einsatz dieser verbirgt jedoch nicht nur Vorteile für das Unternehmen. Der Vorteil an externen Mitarbeitern ist im Gegensatz zu internen Mitarbeitern, dass sie einen größeren Blickwinkel für die gesamte Branche haben und die Maßnahmen wahrscheinlich besser einschätzen können. Dies liegt daran, dass sie mit verschiedenen Unternehmen zusammenarbeiten und diese bei der Einführung von Compliance Management Systemen unterstützen. Sie können demnach den Markt besser einschätzen und die passenden und spezifischen Maßnahmen für das Unternehmen entwickeln, damit eine erfolgreiche Umsetzung erzielt wird. Bei den externen Beratern ist jedoch zu beachten, dass diese zwar einen allgemeineren Blick haben, sich jedoch intern nicht so gut auskennen. Das bedeutet, sie können Maßnahmen gegebenenfalls nicht so gut einschätzen, da sie einen nicht so tiefen Einblick in die internen Prozesse haben. Zusätzlich haben externe Berater ein nicht so hohes Verantwortungsgefühl gegenüber dem jeweiligen Unternehmen und Betrachten gewisse Situationen entspannter. Kommt

---

[26] Vgl. ZAHW (2019).
[27] Vgl. Schulz (2021), S. 52-53.

es während ihres Einsatzes zu einem Compliance Fall, so stehen sie in keiner Verantwortung, wodurch der Einsatz dieser Organe nur noch zum Teil wirksam sind.[28]

Der Einsatz oder die Entwicklung eines Compliance Management System in einem Unternehmen häufig mit einem hohen Kostenfaktor verbunden. Dies hat den Hintergrund, dass CMS in den meisten Fällen ein Projekt ist, welches auf lange Zeit geplant ist und nicht nur eine kurze Dauer umfasst. Zudem ist es wichtig, Verantwortliche für dieses Projekt bereitzustellen, welche die erforderlichen Fähigkeiten und Kenntnisse besitzen. Gutes Fachpersonal ist jedoch nicht günstig und stellt damit einen hohen Kostenfaktor dar. Hat das Unternehmen nicht die ausreichenden Ressourcen an Fachpersonal zum Einsatz von CMS, so ist es auf die externen Berater angewiesen. Häufig sind externe Berater teurer als interne Mitarbeiter, wodurch ebenfalls ein hohes Kostenniveau erreicht wird.[29]

Insgesamt ist festzustellen, dass die Vorteile über den Einsatz von Compliance Management Systemen überwiegen und positive Langzeiteffekte für das Unternehmen darstellen. Das Unternehmen sollte vorab jedoch überlegen auf welche Art und Weise die Maßnahmen erstellt und umgesetzt werden sollten. Somit kann dann auch vorab geplant werden, wie die Kosten für diesen Einsatz ausfallen werden. Gerade große Unternehmen sollten sich überlegen, eine Kombination aus internen und externen Beratern zu wählen. Auch wenn dies mit einem höheren Kostenaufwand verbunden ist, hat das Unternehmen eine bessere Umfeldanalyse und kann bessere Maßnahmen erstellen. Zudem ist dies wichtig, damit die Mitarbeiter vielleicht einen weiteren neutralen Ansprechpartner haben. Für ein erfolgreiches Bestehen von Compliance Management Systemen ist die regelmäßige Prüfung der Maßnahmen und Prozesse, dies ist unabhängig von der Art und Größe des Unternehmens sowie des CMS.[30]

---

[28] Vgl. Kayser, Bartosz, Preusche (2016), S. 19.
[29] Vgl. Mittendorf (2017), S. 20-25.
[30] Vgl. ZAHW (2019).

Literaturverzeichnis

Ablen, C. (2019): *Handbuch für Führungskräfte – Ein Praxisratgeber in Veränderungs-prozessen* (3. Auflg.). Wiesbaden: Springer Fachmedien.

Bundesministerium für Arbeit und Soziales: *CSR-Berichtspflicht für Unternehmen seit 2017.* Zugriff am 09.11.2021. Verfügbar unter https://www.csr-in-deutsch-land.de/DE/Politik/CSR-national/Aktivitaeten-der-Bundesregierung/CSR-Berichtspflich-ten/csr-berichtspflichten.html

Bundesministerium für Arbeit und Soziales: *Nachhaltigkeit und CSR.* Zugriff am 10.05.2022. Verfügbar unter https://www.csr-in-deutschland.de/DE/Was-ist-CSR/Grundlagen/Nachhaltigkeit-und-CSR/nachhaltigkeit-und-csr.html;jsessio-nid=0850A613A67E7CF160F10F6F791F3F7C

Bundesministerium für Arbeit und Soziales: *Standards der CSR-Berichterstattung.* Zu-griff am 10.05.2022. Verfügbar unter https://www.csr-in-deutschland.de/DE/Unterneh-men/CSR-Berichterstattung/Standards/standards-artikel.html

Handelskammer Bremen: *Was ist Corporate Social Resposibility?* Zugriff am 10.05.2022. Verfügbar unter https://www.handelskammer-bremen.de/beraten-informie-ren2/gesellschaftliche-verantwortung/corporate-social-responsibility/corporate-social-responsibility-eine-definition-1305894

Helmond, M. (2021): *Corporate Social Resposibility (CSR) und Ethik im Lieferantenma-nagement.* In Helmond, M. (Hrsg.). *Innovatives Lieferantenmanagement. Wertschöp-fung in globalen Lieferketten* (S.141-159). Wiesbaden: Springer Gabler Verlag.

Helmond, M. (Hrsg.): *Innovatives Lieferantenmanagement. Wertschöpfung in globalen Lieferketten.* Wiesbaden: Springer Gabler Verlag

IHK München (2017): *Merkblatt CSR Berichtspflicht.* Verfügbar unter https://www.ihk-muenchen.de/ihk/documents/CSR-Ehrbarer-Kaufmann/Merkblatt-CSR-Berichts-pflicht_aktualisiert_final.pdf

Kayser, M., Bartosz, M., Preusche, R. (2016): *Compliance-Management – Fragen und Antworten zu DIN ISO 19600.* Berlin, Wien, Zürich: Beuth Verlag GmbH.

Kleinfeld, A., Martens, A. (Hrsg.): *CSR und Compliance – Synergien nutzen durch ein integriertes Management.* Wiesbaden: Springer Fachmedien.

Kleinfeld, A., Martens, A. (2018): *CSR und Compliance im Kontext ihrer Bedeutungs-entwicklung.* In Kleinfeld, A., Martens, A. (Hrsg.) (2018): *CSR und Compliance –*

Synergien nutzen durch ein integriertes Management (S. 3-34). Wiesbaden: Springer Fachmedien.

Lockemann, T. (2018): *Compliance in kommunalen Unternehmen – Allgemeine Anforderungen und Besonderheiten in Kapitalgesellschaften* (Band 115). Baden-Baden: Tectum Verlag.

Mittendorf, M. (2017): *Compliance Management System als Haftungsbegrenzungsinstrument in der mittelständischen Wirtschaft.* Berlin: LIT Verlag.

Schneider, A., Schmidtpeter, R. (Hrsg). (2015): *Corporate Social Resposibility. Verantwortungsvolle Unternehmensführung in der Theorie und Praxis* (2. Aufl.). Wiesbaden: Springer Gabler Verlag.

Schulz, M. (Hrsg.) (2021): *Compliance Management im Unternehmen – Erfolgsfaktoren und praktische Umsetzung* (2. Auflg.). Frankfurt am Main: Deutscher Fachverlag GmbH.

Tröger, B., Roß-Kirsch, N. (2017): *Arbeitsrecht in Großbritanien – Praxisrelevante Regelungen und Unterschiede zur deutschen Rechtslage* (2. Auflg.). Wiesbaden: Springer Fachmedien.

Waldmann, T.: *ISO 19600: Leitfaden für Compliance-Managementsysteme.* Zugriff am 15.05.2022. Verfügbar unter https://www.haufe.de/finance/haufe-finance-office-premium/iso-19600-leitfaden-fuer-compliance-managementsysteme_i-desk_PI20354_HI7221200.html.

ZHAW (2019): *Vor- und Nachteile einer internen bzw. externen Compliance- Funktion.* Zugriff am 15.05.2022. Verfügbar unter https://www.zhaw.ch/storage/sml/institute-zentren/zwc/compliance-kompakt/05-beitrag-vor-_und-nachteile-compliance.pdf.

BEI GRIN MACHT SICH IHR WISSEN BEZAHLT

- Wir veröffentlichen Ihre Hausarbeit,
  Bachelor- und Masterarbeit

- Ihr eigenes eBook und Buch -
  weltweit in allen wichtigen Shops

- Verdienen Sie an jedem Verkauf

Jetzt bei www.GRIN.com hochladen
und kostenlos publizieren